바다 동물 편
또 하나의 대결 바다 상어 편

비룡소

이해 쏙쏙! 코너 일러두기
핵심 정보: 꼭 알아야 하는 동물 필수 정보를 담았어요.
기본기 다지기: 동물 정보를 익히려면 알아 두어야 하는 기초 지식을 배워요.
놀라운 사실!: 동물의 놀라운 크기, 무게, 능력 등을 소개해요.
요건 몰랐지?: 이것까지 알면 동물 천재! 동물 척척박사가 되는 정보를 알려 주어요.
깜짝 질문: 동물 공부가 더 재밌어지는 기상천외한 질문이 등장해요.

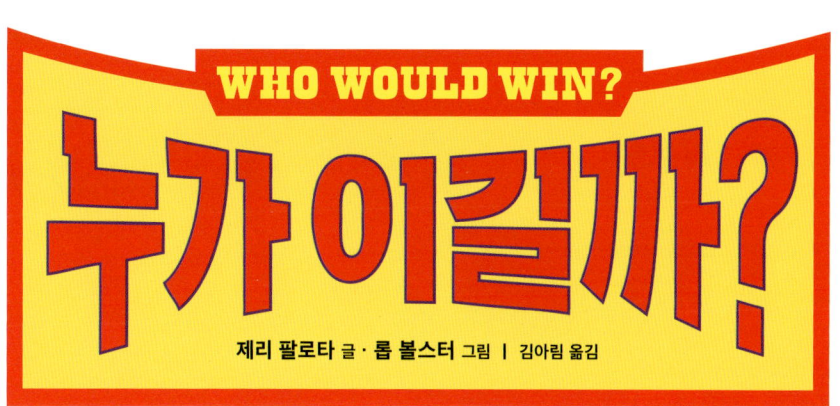

WHO WOULD WIN?
누가 이길까?

제리 팔로타 글 · 롭 볼스터 그림 | 김아림 옮김

최강전

바다 동물 편

바다 동물 16마리가 제왕을 가리려고 모였어. 대진표에 따라 일대일로 맞붙어서 승부를 가리는 거야. 한 번이라도 지면 바로 탈락! 마지막까지 살아남을 바다의 제왕은 누구일까?

**바다 동물들의 피 튀는 대결!
과연 누가 끝까지 살아남아
우승의 영광을 차지할 것인가?**

1라운드 첫 번째 대결은 바다코끼리와 모래뱀상어의 싸움이야. 끙차! 바다코끼리가 1미터 가까이 되는 길쭉한 엄니를 얼음판에 쿡 찍으며 위로 올라왔어.

> **기본기 다지기**
> 바다코끼리는 억센 수염으로 바다 밑바닥에 묻혀 있는 조개를 찾아내.

 # 바다코끼리 VS 모래뱀상어

모래뱀상어가 바닷속에서 대결을 준비하고 있어. 바다코끼리가 얼음판에서 내려오면 모래뱀상어와 바로 맞닥뜨리게 될 거야. 으악!

> **핵심 정보**
> 모래뱀상어는 무리를 지어 사냥해.

> **요건 몰랐지?**
> 모래뱀상어는 백상아리, 뱀상어에 비하면 성격이 온순한 편이래.

> **놀라운 사실!**
> 상어의 피부는 뾰족뾰족한 비늘로 덮여 있어서 아주 거칠어.

모래뱀상어 승리!

바다코끼리가 물속으로 풀쩍 뛰어들자마자 모래뱀상어가 바다코끼리의 뒤 지느러미발을 콱 물어 버렸어!

핵심 정보
모래뱀상어는 수영을 잘하지만 평소에는 아주 조용하고 느리게 움직여.

놀라운 사실!
바다코끼리의 주름진 피부는 두께가 약 4센티미터나 돼. 그 밑의 지방층은 약 10센티미터나 된대! 엄청 두껍지?

아야! 바다코끼리는 물어뜯긴 뒤 지느러미발이 너무 아파서 더 이상 싸울 수 없었어. 두터운 피부와 지방층도 사나운 상어의 이빨을 막아 내지 못한 거야. 첫 번째 경기는 영리하게 지느러미발을 공략한 모래뱀상어의 승리야!

우아, 일각돌고래의 엄니 좀 봐. 무엇이든 다 뚫겠는걸? 그런데 일각돌고래와 싸울 전기가오리가 안 보여. 어디 있는 거지?

핵심 정보
일각돌고래의 엄니는 앞니 하나가 길게 자란 거야.

기본기 다지기
일각돌고래는 사람, 개, 사자와 같은 포유류에 속해. 물 밖의 공기로 숨을 쉬고, 새끼를 낳아 기르지.

라운드 1

일각돌고래 vs 전기가오리

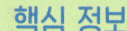
대결 2

아하, 모래 바닥에 숨어 있었구나! 전기가오리가 바다 밑바닥에서 천천히 몸을 일으켰어. 일각돌고래한테 주특기인 전기 공격의 뜨거운 맛을 보여 줄 셈이었지.

요건 몰랐지?
전기가오리는 얕은 바닷속 밑바닥에서 살아.

놀라운 사실!
덩치가 큰 전기가오리는 어른 한 명을 쓰러트릴 만큼 강력한 전기를 일으켜!

일각돌고래 승리!

일각돌고래는 전기가오리의 속셈을 훤히 꿰뚫고 있었어. 전기가오리에게 공격할 틈을 주지 않고, 기다랗고 뾰족한 엄니로 전기가오리를 단숨에 푹 찔렀지!

핵심 정보
일각돌고래는 꽁꽁 언 바닷물 밑에서 엄니로 얼음을 뚫어 숨 쉴 구멍을 만들기도 해.

요건 몰랐지?
전기가오리는 한 번 전기 공격을 하고 나면 다음번 공격을 할 때까지 잠시 충전 시간이 필요해.

전기가오리는 제대로 공격 한번 시도하지 못한 채 엄니에 찔려 죽고 말았어. 승리한 일각돌고래는 2라운드에서 모래뱀상어와 맞붙을 거야.

세 번째는 범고래와 바다뱀의 대결이야. 평소 범고래는 바다뱀이 마음에 들지 않았어. 덩치도 작은 놈이 주위에서 알짱거리는 게 영 거슬렸지.

놀라운 사실!
범고래는 어찌나 난폭한지 '바다의 강도'라는 별명이 있어.

기본기 다지기
범고래는 등의 검은색과 배의 흰색 무늬가 뚜렷한 게 특징이야.

요건 몰랐지?
범고래는 수십 마리씩 무리 지어 다녀.

범고래 VS 바다뱀

덩치 큰 범고래와 빼빼 마른 바다뱀의 대결이 공정해 보이지 않는다고? 걱정 마. 바다뱀은 치명적인 독을 지니고 있으니까!

핵심 정보
바다뱀은 헤엄을 아주 잘 쳐. 세로로 납작한 노 모양의 꼬리가 비결이지!

깜짝 질문
바다뱀은 어류*일까, 파충류*일까? 정답은 파충류야!

★어류: 등뼈가 있는 동물로 물에서 살고, 아가미로 숨 쉼.
★파충류: 뱀, 악어, 거북 등 몸이 비늘로 덮여 있고, 주변 온도에 따라 체온이 변하는 동물.

범고래 승리!

범고래는 바다뱀에게 섣불리 다가가지 않았어. 바다뱀이 무기로 독을 사용한다는 걸 미리 알고 있었거든. 그래서 잠자코 기회를 노렸지.

기본기 다지기
바다뱀은 파충류라 아가미가 없어. 그래서 20분에 한 번씩 물 위로 올라가 숨을 쉬어야 하지. 헥헥….

핵심 정보
바다뱀은 혀 밑에 염류샘이라는 특별한 기관이 있어. 염류샘으로 몸속에 쌓인 바다의 소금기를 뱉어 낸대.

요건 몰랐지?
범고래는 무척 강해. 바다사자나 상어도 잡아먹는다고!

용감한 바다뱀이 먼저 공격하려는 찰나, 범고래가 쏜살같이 달려들어 바다뱀을 밑바닥으로 처박아 버렸어! 너무 순식간이라 바다뱀은 범고래가 오는 걸 보지도 못했지. 으드득으드득…. 바다뱀은 온몸의 뼈가 산산조각 나 다시 일어날 수 없었단다.

네 번째 경기에 나서는 선수는 고깔해파리랑 장수거북이야. 물에 두둥실 떠 있는 해파리의 모습이 꽤나 여유로워 보이는걸?

기본기 다지기

고깔해파리는 우리가 아는 해파리와 달라. 같은 종류의 작은 개체 수백 마리가 모여서 하나의 몸을 이룬 동물이지.

핵심 정보

고깔해파리의 촉수에는 사람도 해칠 수 있는 강력한 독이 있어!

고깔해파리 VS 장수거북

장수거북은 육지에서 한없이 느리지만, 바닷속에서는 수영 선수야! 날개처럼 생긴 납작한 앞다리를 퍼덕이며 빠르게 헤엄치지.

요건 몰랐지?

바다거북은 이빨이 없어!

고깔해파리 승리!

장수거북은 고깔해파리를 보고도 한가로이 헤엄쳤어. 고깔해파리가 멀리 있으니 안전하다고 생각했거든. 그런데 이게 웬걸? 장수거북을 본 고깔해파리가 곧장 촉수를 늘여 장수거북의 눈, 코, 목구멍을 쑤욱 쑤셨어!

기본기 다지기
고깔해파리는 바람이나 파도, 밀물과 썰물의 흐름에 따라 떠다녀.

핵심 정보
고깔해파리는 촉수를 30미터 이상 늘일 수 있어. 와우!

놀라운 사실!
장수거북은 가장 덩치가 큰 거북이야. 몸길이가 2.5미터, 몸무게는 800킬로그램에 이르지.

핵심 정보
장수거북은 전 세계 모든 바다에 살아!

요건 몰랐지?
바다뱀처럼 장수거북도 숨을 쉬려면 2~3시간마다 물 위로 올라가야 해.

저런, 고깔해파리를 만만히 보던 장수거북이 처참한 모습으로 최후를 맞이했어.

이번 경기에는 북극곰과 스톤피시가 출전해. 잠깐, 바다 동물 싸움에 북극곰이 껴도 되냐고? 북극곰은 해양 포유류이기 때문에 참가 자격이 있어.

기본기 다지기
해양 포유류는 주로 바다에 살면서 새끼를 낳는 동물을 가리켜.

놀라운 사실!
북극곰은 30킬로미터 밖에 있는 사냥감의 냄새도 맡을 수 있대!

라운드 1

북극곰 VS 스톤피시

대결 5

해안가를 어슬렁거리던 북극곰이 바닷물에 발을 담갔어. 스톤피시가 얕은 바닷속에 숨어 있는 줄은 꿈에도 모르고 말이야. 배가 고팠던 스톤피시는 먹잇감이 나타나길 가만히 기다리고 있었지.

핵심 정보
스톤피시 등에 달린 독침은 신발 밑창을 뚫을 정도로 날카로워.

스톤피시 승리!

이런! 북극곰이 바위인 줄 알고 스톤피시를 꾹 밟고 말았어. 독침에 찔린 북극곰의 온몸에 독이 퍼졌지.

놀라운 사실!
스톤피시의 독침에 찔리면 근육이 마비되고, 숨도 쉴 수 없게 돼. 끽, 꼼짝없이 죽는 거야!

핵심 정보
북극곰은 힘이 무척 세. 몸무게가 900킬로그램이나 되는 바다코끼리를 이빨로 물어 끌고 갈 정도지.

요건 몰랐지?
북극곰은 수영도 잘해. 어떤 북극곰은 무려 9일 내내 쉬지 않고 헤엄쳐서 687킬로미터를 이동했대!

어라? 스톤피시가 얼떨결에 다음 라운드에 진출하게 되었어.

짜잔! 모두 기다리던 바다악어와 대왕오징어의 대결이야. 아직 1라운드이긴 하지만 강력한 우승 후보 둘이 맞붙는다는 소식에 다들 기대 중이지.

기본기 다지기
강이나 호수에 사는 다른 악어들과 달리, 바다악어는 주로 바다에서 살아.

핵심 정보
바다악어는 파충류 중 가장 큰 덩치를 자랑해. 몸길이가 최대 10미터까지 자라지.

바다악어 vs 대왕오징어
라운드 1 / 대결 6

바다악어는 타고난 사냥꾼이야. 한참을 숨죽이고 있다가 먹잇감이 가까이 다가오면 확 덮쳐서 잡아먹지. 이번에도 바다악어는 인내심을 가지고 대왕오징어를 기다렸어.

깜짝 질문
대왕오징어의 다리는 몇 개일까? 그림을 보면서 세어 보자. 하나, 둘…. 정답은 10개야!

놀라운 사실!
에계, 바다악어 몸길이가 겨우 10미터라고? 1874년 캐나다에서는 몸길이가 18미터나 되는 대왕오징어가 발견됐어!

바다악어 승리!

정신없이 먹이를 찾던 대왕오징어가 자기도 모르게 바다악어에게 가까이 다가가 버렸어. 바다악어는 그 순간을 놓치지 않고 꼬리로 대왕오징어를 냅다 후려치고는 입으로 꽉 물었지. 당황한 대왕오징어가 먹물을 쏘았지만 소용없었어.

핵심 정보

바다악어는 딱딱한 거북부터 거대한 물소까지 닥치는 대로 잘 먹어. 물론 사람도 봐주지 않지!

냠냠 쩝쩝…. 꺽! 바다악어는 오랜만에 배가 터지도록 만족스러운 식사를 했어.

바다의 무법자 백상아리가 최강전에 빠질 수 없지! 슈퍼스타 백상아리가 일곱 번째 대결에 등장했어. 싸울 상대는 대왕쥐가오리야.

요건 몰랐지?
공포 영화 「죠스」 시리즈에 등장한 상어가 바로 백상아리야!

백상아리 VS 대왕쥐가오리

대왕쥐가오리가 백상아리의 상대가 되겠냐고? 훗, 방심은 금물이야. 대왕쥐가오리는 몸집이 아주아주 크거든! 백상아리를 덮쳐서 단숨에 제압할지도 몰라.

놀라운 사실!
대왕쥐가오리의 머리지느러미 너비는 최대 9미터나 된대. 활짝 편 날개 같아!

핵심 정보
대왕쥐가오리는 주로 바닷속 플랑크톤, 크릴새우 같은 작은 동물을 걸러서 먹고 살아.

기본기 다지기
대왕쥐가오리는 종종 물 밖으로 날 듯이 힘차게 뛰어올라.

백상아리 승리!

백상아리는 거침없이 대왕쥐가오리와 거리를 좁혔어. 백상아리의 기세에 눌린 대왕쥐가오리는 바짝 얼어붙었지. 그새 코앞까지 온 백상아리는 대왕쥐가오리의 머리지느러미 한쪽을 한입에 집어삼켰어.

놀라운 사실!
대왕쥐가오리는 가오리 중 몸집이 가장 커. 몸무게가 무려 3000킬로그램이나 나간다니까!

핵심 정보
백상아리의 이빨은 무척 뾰족뾰족하고 날카로워. 특히 세모난 윗니 가장자리는 톱니처럼 생겼지.

요건 몰랐지?
대왕쥐가오리는 머리지느러미를 돌돌 말았다 폈다 해.

난폭한 백상아리가 다음 라운드에 진출하게 되었어. 하긴, 대왕쥐가오리는 온순한 편이라 피 튀는 싸움과는 어울리지 않았어.

맙소사, 벌써 1라운드 마지막 대결이라니! 대결이 너무 흥미진진해서 시간 가는 줄 모르겠어. 마지막 경기는 돛새치와 파란고리문어가 맞붙어.

기본기 다지기
돛새치는 돛처럼 생긴 커다란 등지느러미로 휙휙 빠르게 방향을 바꿀 수 있어.

핵심 정보
돛새치는 바다 최고의 수영 선수야! 한 시간에 무려 110킬로미터까지 갈 수 있지.

라운드 1 · 돛새치 VS 파란고리문어 · 대결 8

파란고리문어의 푸른색 고리 무늬가 예뻐서 다가가고 싶다고? 물러서! 파란고리문어는 강력한 독을 지녔거든. 무늬가 선명하다는 건 경고의 의미야.

놀라운 사실!
파란고리문어의 독은 어른 26명을 단 몇 분 만에 죽일 정도로 치명적이야.

요건 몰랐지?
파란고리문어 독은 해독제도 없어. 꽥!

파란고리문어 승리!

돛새치가 먹이를 찾아 헤엄치다 마침 쉬고 있던 파란고리문어와 마주쳤어. 파란고리문어는 돛새치가 자기를 공격하러 오는 줄 알고 깜짝 놀란 나머지 돛새치의 몸통에 풀쩍 올라타 버렸지.

핵심 정보
돛새치는 '부어'에 속해.

기본기 다지기
부어란, 바닷속 위쪽에 살면서 한곳에 머무르지 않는 물고기를 가리켜.

돛새치도 뜻밖의 공격에 화들짝 놀랐어. 파란고리문어를 떼어 내려고 물 밖으로 뛰어올랐지만, 파란고리문어가 그새 돛새치를 꽉 물고는 독을 집어넣었지 뭐야. 온몸에 독이 퍼진 돛새치는 바닷속으로 영영 가라앉고 말았단다.

자, 1라운드가 끝났어! 참가한 16마리의 선수 중 절반인 8마리가 2라운드에서 본격적인 대결을 펼칠 거야.

땡, 땡, 땡! 2라운드를 알리는 종이 울렸어. 1라운드에서 일찌감치 경기를 마쳤던 일각돌고래와 모래뱀상어는 얼른 싸우고 싶어서 몸이 근질근질했지.

놀라운 사실!
드물지만 엄니가 2개인 일각돌고래도 있대!

핵심 정보
일각돌고래는 차디찬 북극해에 살아.

라운드 2

일각돌고래 VS 모래뱀상어

대결 1

포유류인 일각돌고래는 숨을 쉬기 위해 물 위로 올라와야 해. 반면 어류인 모래뱀상어는 물속에서 숨 쉬지. 흠, 이게 이번 대결의 승패를 가를지도 모르겠어.

요건 몰랐지?
대부분의 상어는 계속 헤엄쳐야 아가미를 움직이면서 숨을 쉴 수 있어.

기본기 다지기
에헴! 상어는 약 4억 년 전부터 지구에 살았어. 공룡보다 지구에서 더 오래 산 동물이란다.

모래뱀상어 승리!

대결이 시작되자마자 일각돌고래와 모래뱀상어가 곧장 서로를 향해 달려들었어! 엎치락뒤치락하며 팽팽한 힘겨루기가 이어졌지.

요건 몰랐지?
일각돌고래는 길게 돋은 엄니 때문에 '바다의 유니콘'이라는 별명이 있어.

핵심 정보
다른 돌고래와 달리 일각돌고래는 등지느러미가 없어.

경기가 길어지자 일각돌고래는 점점 숨이 차기 시작했어. 긴 엄니는 방향을 바꾸는 데 거추장스럽기만 했지. 모래뱀상어는 시간을 끌면서 일각돌고래가 물 위로 올라가지 못하도록 방해했어. 결국 일각돌고래는 숨을 쉬지 못해 기절하고 말았지.

2라운드 두 번째 대결이야. 범고래와 고깔해파리가 맞붙지. 범고래가 잠시를 못 참고 고깔해파리를 향해 헤엄쳐 가.

깜짝 질문
사람의 치아는 몇 개일까? 어른은 보통 32개의 치아를 가지고 있어.

핵심 정보
범고래는 위턱과 아래턱에 24개씩 총 48개의 이빨이 있대.

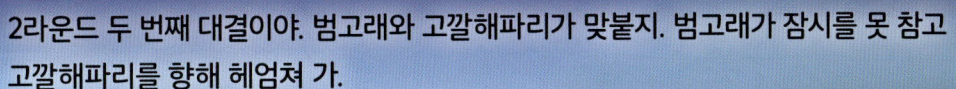

범고래 VS 고깔해파리
라운드 2 · 대결 2

맙소사, 무슨 일이 벌어진 거지? 범고래는 어리둥절했어. 한 마리로 보였던 고깔해파리가 수백 마리로 흩어졌거든. 고깔해파리가 요술을 부린 걸까?

놀라운 사실!
고깔해파리는 평소 물 위에 둥둥 떠 있지만, 공기주머니에서 공기를 빼고 잠깐 잠수할 수도 있단다!

고깔해파리 승리!

당황한 범고래는 무심코 물 밖으로 고개를 내밀어 숨을 쉬었어. 분기공을 열어 세차게 공기를 빨아들였지. 그런데 이걸 어째? 고깔해파리가 공기랑 같이 딸려 들어와 버렸어!

기본기 다지기
분기공은 고래나 돌고래의 머리 앞쪽에 난 구멍이야. 숨 쉬는 데 꼭 필요하지.

핵심 정보
범고래는 돌고랫과 동물 중 몸집이 가장 커!

요건 몰랐지?
범고래는 천적이 없어. 포악한 범고래를 먹잇감으로 삼을 만큼 간 부은 동물은 없거든.

고깔해파리는 분기공을 통해 범고래의 몸속에 들어가 아주 손쉽게 독을 퍼트렸어. 범고래는 점차 폐, 입안, 온몸 구석구석이 전기에 감전된 것처럼 찌릿찌릿 고통스러워지, 결국 범고래는 제대로 싸워 보지도 못한 채 기권했어.

2라운드 세 번째 대결은 바다악어와 스톤피시의 대결이야. 과연 스톤피시가 바다악어의 상대가 될까? 그래도 지금까지의 대결에서는 독을 지닌 동물들이 잘 싸워 주었으니 기대해 보자!

핵심 정보
바다악어의 무는 힘은 지구 최강이야.
또 한번 물면 절대 놓지 않으니 조심해!

바다악어 VS 스톤피시

요건 몰랐지?
스톤피시는 입과 위가 무지 커서 자기보다 큰 먹이를 통째로 삼킬 수 있대!

경기가 시작되자마자 바다악어가 모래 바닥을 꼬리로 철썩 휘둘러 물속을 흙탕물로 만들었어. 주변이 온통 뿌옇게 되자 스톤피시는 당혹스러웠지.

바다악어 승리!

스톤피시가 두리번거리며 상황을 파악하는 동안 바다악어는 거의 1미터에 달하는 입속에 스톤피시를 답삭 넣었어. 물론 스톤피시 등에 달린 독침을 피해 무는 것을 잊지 않았지. 그러고는 꿀꺽, 그대로 삼켰어!

핵심 정보
바다악어가 사는 곳에는 절대 얼씬거리지 마! 바다악어는 자신의 영역으로 들어오는 거의 모든 동물을 잡아먹는다고!

요건 몰랐지?
바다악어는 먹잇감을 물속 바닥에 묻어 두었다가 나중에 먹기도 해. 그러면 먹이가 더 부드러워진다나? 음, 살살 녹네!

스톤피시의 강력한 독침도 바다악어의 뱃속에서는 소용없었어. 뛰어난 사냥꾼답게 영리한 전략을 펼친 바다악어의 완벽한 승리야!

백상아리와 파란고리문어가 2라운드 마지막 대결을 준비하고 있어. 모두들 백상아리가 파란고리문어를 이기고 준결승전에 진출할 거라고 예상하는 눈치야.

놀라운 사실!
백상아리는 정말 날렵해. 물 밖으로 몸이 완전히 드러나도록 점프할 수 있다니까!

라운드 2

백상아리 VS 파란고리문어

대결 4

핵심 정보
슝! 파란고리문어는 몸 밖으로 물줄기를 뿜어내면서 헤엄쳐.

파란고리문어가 백상아리의 상대가 될까? 의외로 위협적일지도 몰라! 파란고리문어의 독은 백상아리에게도 치명적이니까!

파란고리문어 승리!

백상아리는 앞뒤 재지 않고 달려들어 파란고리문어를 한입에 꿀떡 삼켰어. 이대로 경기가 끝난 걸까? 그럴 리가! 호락호락하게 당할 파란고리문어가 아니지. 파란고리문어는 백상아리의 아가미에 찰싹! 달라붙었어.

아차! 백상아리는 무언가 잘못되었다는 걸 깨달았어. 몸을 마구 흔들어 아가미에 붙은 파란고리문어를 떼어 내려고 했지만, 파란고리문어는 더 끈덕지게 달라붙어 무서운 독을 흘려 보냈지. 백상아리는 서서히 의식을 잃고 말았어.

끝까지 포기하지 않고 싸운 파란고리문어가 3라운드에 오르게 됐어!

바다 동물 4대 천왕

드디어 3라운드의 막이 올랐어! 고깔해파리, 모래뱀상어, 바다악어, 파란고리문어, 이렇게 네 선수가 준결승전에 진출했지. 강력한 네 선수가 펼칠 대결이 무척 기대되는걸?

바다 최강의 동물이 탄생하기까지 단 세 경기가 남았어!

 **고깔해파리 VS 모래뱀상어**

준결승전 첫 번째 경기는 고깔해파리와 모래뱀상어의 대결이야. 그동안 반전을 거듭한 경기들이 많아서인지 어떤 동물이 이길지 예측하기가 너무 어려워!

핵심 정보
준결승전에 진출한 네 선수는 모두 변온 동물이야.

기본기 다지기
변온 동물이란, 체온을 스스로 조절하지 못해서 바깥 온도에 따라 체온이 변하는 동물이지.

모래뱀상어 승리!

모래뱀상어가 꼬리지느러미를 세차게 휘둘러 고깔해파리를 뿔뿔이 흩어지게 만들었어! 고깔해파리의 앞 경기들을 열심히 지켜보면서 전략을 짜 둔 거야. 모래뱀상어는 꼬리지느러미에 독을 조금 쏘였지만, 단단한 비늘 덕분에 말짱했어.

핵심 정보

상어의 비늘이 뾰족뾰족하다고 했잖아. 이 단단하고 거친 비늘을 '방패 비늘'이라고 해. 든든하겠지?

흩어진 고깔해파리는 파도에 휩쓸려 바닷가까지 떠밀려 갔어. 바닷가에 쨍쨍 내리쬐는 햇볕 때문에 고깔해파리는 바짝 말라 죽고 말았지. 잠깐! 그래도 만져서는 안 돼. 여전히 독이 있거든. 죽은 고깔해파리도 조심 또 조심해!

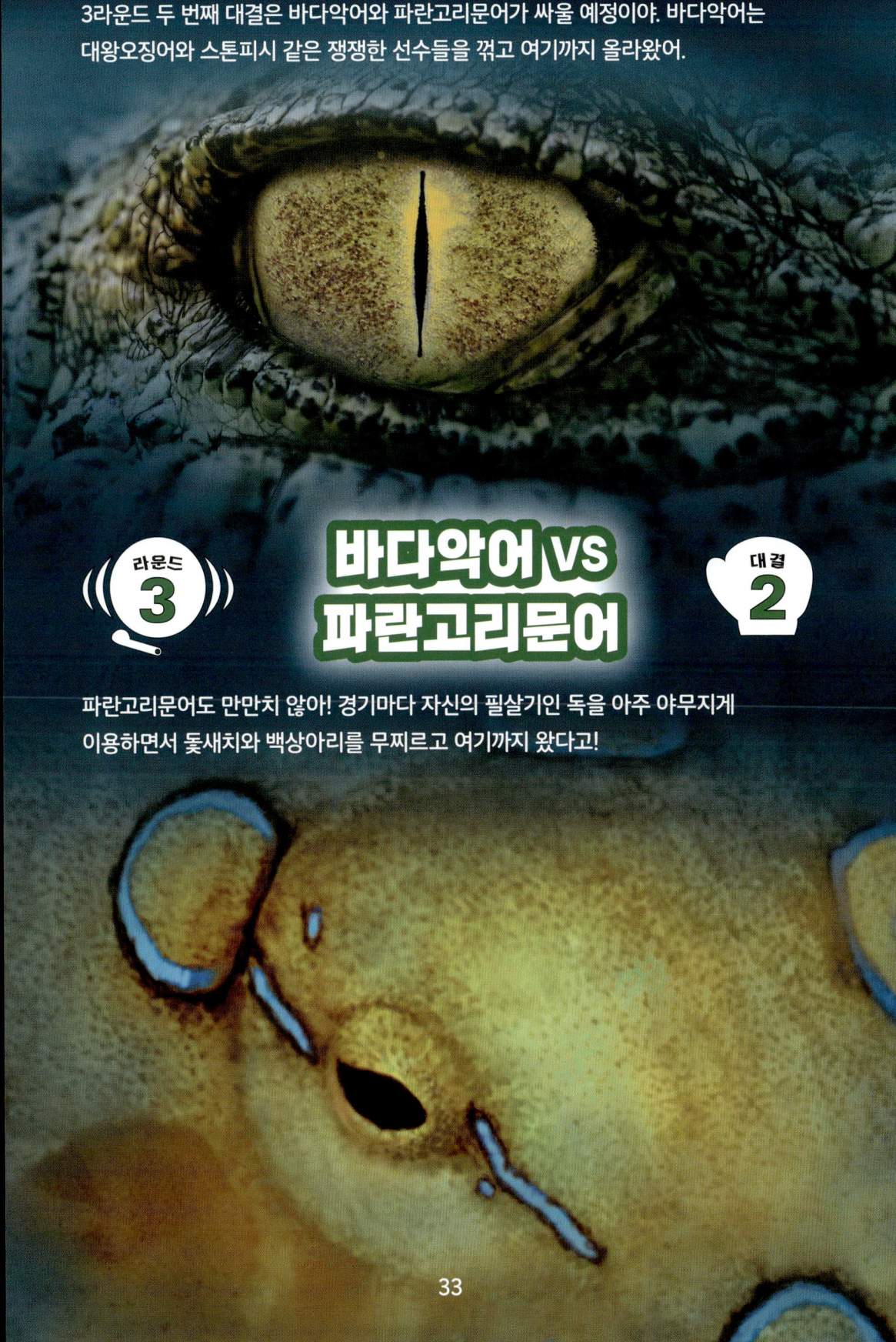

3라운드 두 번째 대결은 바다악어와 파란고리문어가 싸울 예정이야. 바다악어는 대왕오징어와 스톤피시 같은 쟁쟁한 선수들을 꺾고 여기까지 올라왔어.

바다악어 VS 파란고리문어

라운드 3 · 대결 2

파란고리문어도 만만치 않아! 경기마다 자신의 필살기인 독을 아주 야무지게 이용하면서 돛새치와 백상아리를 무찌르고 여기까지 왔다고!

바다악어 승리!

바다악어는 단숨에 파란고리문어를 향해 돌진했어! 그러고는 파란고리문어의 몸통을 질끈 물고 마구잡이로 흔들어 패대기쳤지. 파란고리문어는 자기보다 1만 배는 더 무거운 바다악어를 감당하지 못하고 기절해 버렸단다.

놀라운 사실!
수컷 바다악어의 몸무게는 무려 1톤에서 1.5톤까지 나가. 1톤은 1,000,000그램이야!

핵심 정보
파란고리문어의 몸무게는 많이 나가 봤자 100그램이야. 에계….

요건 몰랐지?
바다악어는 시력이 좋고, 색깔도 잘 구분해.

이번 경기에서 파란고리문어의 독은 별로 도움이 되지 않았어. 결승에 진출하게 된 선수는 바다악어야!

결승 맞대결!

기본기 다지기

상어는 어스름한 새벽에도, 흙탕물에서도 사냥할 수 있어. 잘 보이지 않아도 뛰어난 후각을 이용해서 사냥감의 냄새를 맡거든.

드디어 마지막 경기, 대망의 결승전이야! 모래뱀상어 대 바다악어의 대결이지. 과연 어떤 동물이 우승 트로피를 차지하게 될까?

핵심 정보

모래뱀상어 몸길이는 최대 3미터 정도야. 6미터 넘게 자라는 바다악어의 절반밖에 안 되는 거지.

그런데 모래뱀상어가 바다악어에 비해 한참 작아 보여. 모래뱀상어가 바다악어의 덩치를 보고는 벌써 겁에 질리고 만 눈치인걸?

바다악어 최종 승리!

바다악어는 자기보다 몸집이 훨씬 작은 모래뱀상어를 함부로 얕잡아 보지 않았어. 평소처럼 뚫어지게 상대를 쳐다보며 기회를 엿보았지. 곧 모래뱀상어가 움직이자 바다악어는 빛처럼 빠르게 달려들어 모래뱀상어를 세게 콱 물었어!

와그작와그작…. 바다악어는 모래뱀상어의 몸을 갈기갈기 찢어서 삼켜 버렸어. 모든 경기가 끝났어. 바다악어가 바다의 진정한 제왕이 된 순간이야!

네까짓 게 바다의 제왕이라고?
다른 상어들이
가만 놔둘 것 같아?

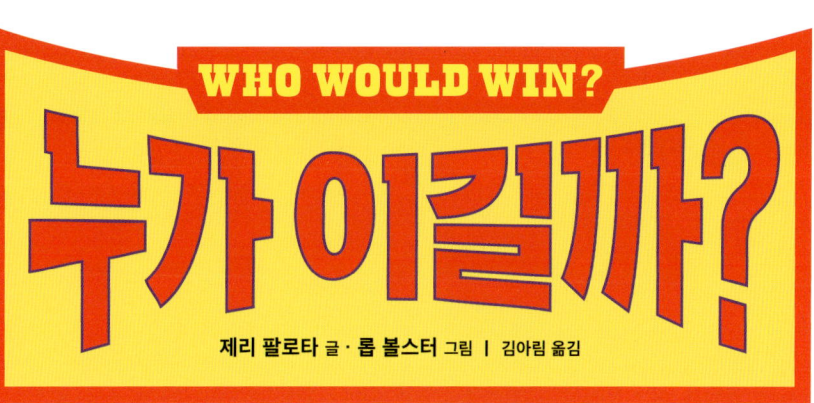

WHO WOULD WIN?

누가 이길까?

제리 팔로타 글 · 롭 볼스터 그림 ㅣ 김아림 옮김

최강전

바다 상어 편

비룡소

내로라하는 바다 상어 16마리가 한곳에 모였어. 대진표에 따라 일대일로 계속 맞붙어서 최강을 가리려는 거야. 과연 상어 세계의 최강은 누구일까?

**바다의 절대 권력을 누리던 상어들이
무리 최고의 자리를 노린다!
상어들의 우두머리는 과연 누가 될 것인가?**

두구 두구 두구, 기다리던 바다 상어 최강전이 시작되었어! 첫 번째 대결은 거대한 몸집의 돌묵상어와 사납기로 유명한 황소상어의 대결이야.

핵심 정보
돌묵상어는 어류 중 두 번째로 커. 최대 15미터까지 자란대!

돌묵상어가 입을 쩌억 벌리고 물속의 플랑크톤이나 작은 물고기들을 걸러 먹는 중이야. 하지만 이빨이 아주아주 작아서 그런지 별로 무서워 보이진 않네.

돌묵상어 VS 황소상어

황소상어는 얕은 물을 돌아다니면서 사람을 공격하기도 해! 강을 거슬러 올라오기도 하고, 가끔 호수에 나타나기도 하니까 물놀이를 할 때는 늘 조심하렴.

놀라운 사실!
황소상어는 상어 가운데 무는 힘이 가장 세.

첫 경기가 시작되자마자 황소상어가 돌묵상어에게 돌진해 몸통을 콱 물어 버렸어. 정말 눈 깜짝할 사이였다니까! 이빨도 조그맣고, 턱 힘도 약한 돌묵상어는 공격 한 번 못하고 바닷물을 피로 붉게 물들이고 말았지. 잘 가, 돌묵상어야….

기본기 다지기
상어는 모두 어류에 속해.

요건 몰랐지?
상어는 대부분 소금기가 있는 바다에서 살아. 그런데 황소상어는 소금기가 없는 강이나 호수에서도 살 수 있어!

황소상어 승리!

엥, 방금 뭐가 지나간 거야? 두 번째 대결 선수인 청상아리구나! 청상아리는 상어들 가운데 헤엄치는 속도가 가장 빨라서 '바다의 치타'라고도 불려. 한 시간에 무려 72킬로미터까지 헤엄치지.

기본기 다지기
상어는 이빨이 빠져도 계속 새로 자라.

청상아리 VS 톱상어

라운드 1 · 대결 2

이어서 톱상어가 등장했어. 길쭉하고 납작한 주둥이 양쪽에 날카로운 이빨이 줄줄이 늘어서 있네. 꼭 톱 모양 같아!

핵심 정보
톱상어는 물고기 떼를 향해 긴 주둥이를 휘둘러서 사냥을 해.

생김새가 좀 무섭긴 해도 톱상어는 빛처럼 빠른 청상아리의 상대가 되진 못해. 청상아리는 곧바로 톱상어의 꼬리를 덥석 물어뜯었어! 꼬리가 너덜거릴 정도로 심한 상처를 입은 톱상어는 더 이상 반격할 수 없었지.

청상아리 승리!

세 번째는 꼬리기름상어와 귀상어의 대결이야. 잠시만 둘의 머리 양옆을 유심히 살펴보겠어? 다른 상어는 머리 양쪽에 아가미구멍이 다섯 개씩 있는데, 꼬리기름상어는 일곱 개씩 있어!

요건 몰랐지?
훗, 꼬리기름상어는 상어 중 아가미구멍이 가장 많아.

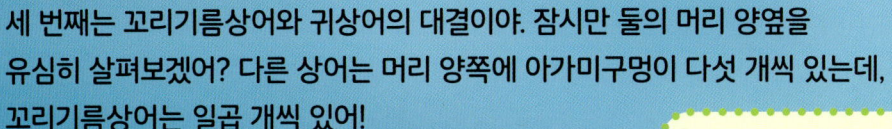

라운드 1 **꼬리기름상어 vs 귀상어** **대결 3**

귀상어 머리 모양 좀 봐! 참 별나게도 생겼지? 양옆으로 툭 튀어나온 모양이 꼭 망치처럼 생겼어.

핵심 정보
귀상어는 머리 양 끝에 눈이 있어. 그래서 머리를 조금만 움직여도 앞, 옆, 뒤쪽까지 훤히 볼 수 있대!

귀상어는 꼬리기름상어의 움직임을 빠짐없이 관찰하며 공격 기회를 노렸어.
꼬리기름상어는 귀상어의 사나운 눈초리에 겁먹고는 도망치려고 살짝 몸을 틀었지.
이때다! 귀상어가 그 순간을 놓치지 않고 달려들어 꼬리기름상어의 몸통을 퍽!
들이받아 버렸어! 꼬리기름상어는 몸이 구부러진 채로 멀리멀리 날아갔어.

기본기 다지기

상어의 뼈는 물렁물렁해.
사람의 귀나 콧등처럼 말이야.

귀상어 승리!

네 번째 대결 선수들을 보니 등골이 오싹해져. 이름부터 으스스한 마귀상어는 기다란 코와 날카로운 이빨, 축 늘어진 분홍빛의 피부를 가졌어. 으악, 너무 무섭잖아!

핵심 정보
마귀상어어는 무려 1억 2500만 년 전부터 지구에서 살아왔어.

놀라운 사실!
마귀상어는 먹이가 다가오면 피부 속에 감춘 턱을 쑥 빼서 낚아채!

마귀상어 vs 뱀상어

바다에서 물놀이를 할 때는 뱀상어를 만나지 않도록 조심하렴. 난폭한 뱀상어는 사람도 공격하거든. 게다가 이빨은 거북의 등딱지를 부술 만큼 아주 강력해. 어때, 무시무시한 마귀상어와 붙어 볼 만하지?

요건 몰랐지?
뱀상어는 몸의 줄무늬가 호랑이 무늬와 닮아서 '호랑이상어'로도 불려.

성질 급한 뱀상어가 마귀상어에게 쌩 헤엄쳐 가더니 입을 쩍 벌려 마귀상어를 덥석 물었어. 참, 뱀상어가 다른 상어도 잘 먹는다고 얘기했던가? 아작아작, 꿀꺽! 대결은 시시하게 끝났지.

핵심 정보
뱀상어는 커다란 지느러미들로 빠르게 헤엄치고, 방향도 획획 잘 바꿔.

뱀상어 승리!

깜짝 질문
뱀상어 주변에 모여 있는 놈들은 뭘까? 바로 빨판상어야. 자기보다 덩치가 큰 동물의 몸에 달라붙어서 그 동물이 먹다 남긴 찌꺼기를 먹고 살지.

다섯 번째 대결 선수는 전 세계에서 사람을 가장 많이 공격한 백상아리야. 힘센 턱과 날카로운 이빨을 자랑하지. 포악한 성격이야 유명세만 봐도 알겠지?

기본기 다지기
상어 몸에는 보통 총 8개의 지느러미가 있어.

등지느러미
꼬리 지느러미
뒷지느러미
배지느러미
가슴지느러미

백상아리 vs 레몬상어

라운드 1 / 대결 5

상대 선수인 레몬상어가 어슬렁어슬렁 나타났어. 와우, 노르스름한 몸 색깔 좀 봐! 상어의 몸빛이 회색이나 푸른색만 띠는 게 아니라는 걸 잘 보여 주네.

핵심 정보
레몬상어는 등지느러미 두 개의 크기가 비슷해.

레몬상어도 제법 잘 싸우는 편이지만, 백상아리는 좀 벅찬 상대야. 덩치도 크고, 힘도 센 데다가, 아주 사납기까지 하니까! 백상아리는 레몬상어와 눈이 마주치자마자 쏜살같이 레몬상어 바로 앞까지 헤엄쳐 갔어. 그러고는 억센 턱으로 레몬상어를 콱 물어서 한 방에 끝내 버렸단다.

백상아리 승리!

여섯 번째 대결에는 어류 중 몸집이 가장 큰 고래상어가 출전해. 몸길이가 18미터, 몸무게는 20톤에 이르지. 덩치만큼이나 커다란 입은 폭이 1.5미터쯤 된대! 그런데 고래상어는 위협적인 덩치와 달리 성격은 온순해. 흠, 대결을 잘 치를 수 있을까?

놀라운 사실!
고래상어의 이빨은 공격이나 먹이를 씹는 등의 역할은 전혀 하지 못해.

핵심 정보
고래상어는 입을 벌린 채 헤엄치면서 입속으로 들어오는 플랑크톤 같은 작은 생물을 걸러서 먹어.

고래상어 VS 흑기흉상어

고래상어와 싸울 흑기흉상어가 나타났어. 지느러미 끝부분이나 가장자리가 검은 게 특징이지. 고래상어만큼 몸집이 크진 않지만 성질이 사납고 공격적이야.

온순한 고래상어와 사나운 흑기흉상어의 대결이 시작되었어! 흑기흉상어가 고래상어에게 먼저 달려들어서는 고래상어의 몸 여기저기를 마구 깨물어 댔어. 그런데 고래상어의 덩치가 아무리 커도 상대방을 공격하지 않으면 싸움에서 이길 수 없잖아? 아니나 다를까 고래상어는 정신없이 당하고만 있었어.

수차례 깨물린 고래상어는 피를 너무 많이 흘렸어. 결국 깊은 바닷속으로 서서히 가라앉았단다.

깜짝 질문
고래상어는 고래게, 상어게? 정답은 상어야! 다른 상어처럼 어류에 속하지.

기본기 다지기
참고로 고래는 사람과 마찬가지로 새끼를 낳아 젖을 먹여 키우는 포유류야.

요건 몰랐지?
고래가 죽어서 깊은 바닷속으로 가라앉는 것을 '고래 낙하'라고 해. 죽은 고래는 바다 생물들의 귀중한 식량이 된단다.

흑기흉상어 승리!

일곱 번째 대결 선수인 진환도상어는 몸길이의 절반을 차지할 만큼 긴 꼬리지느러미를 가졌어. 남다른 이 꼬리지느러미로 빠르게 헤엄치고, 방향도 쉽게 바꿀 수 있지.

핵심 정보
진환도상어는 꼬리지느러미를 채찍처럼 휙휙 휘둘러서 먹잇감을 사냥해.

라운드 1

진환도상어 VS 레오파드상어

대결 7

레오파드상어는 표범처럼 몸에 근사한 얼룩무늬가 있어. 그런데 다른 상어들보다 덩치가 작아 보여. 대체 어떤 무기로 진도환상어의 꼬리지느러미에 맞서려는 걸까?

놀라운 사실!
다 자란 레오파드상어는 몸길이가 1.2미터 정도야. 너비가 1.5미터인 고래상어의 입보다도 작은 거지.

깜짝 질문
그렇다면 몸집이 가장 작은 상어는 무엇일까? 바로 드워프랜턴상어야. 몸길이가 약 20센티미터밖에 안 된대!

진환도상어가 레오파드상어를 파악하려고 주위를 한 바퀴 빙 돌았어. 그런데 별다른 무기를 발견하지 못했지. 진환도상어는 더 볼 것도 없다는 듯이 레오파드상어를 향해 냅다 꼬리지느러미를 휘둘렀어! 진환도상어의 필살기에 당한 레오파드상어는 즉시 기절해 버렸단다.

요건 몰랐지?

진환도상어의 이름 속 '환도'는 옛날 군인들이 차던 긴 칼을 뜻해. 기다란 꼬리지느러미가 꼭 환도를 닮았다고 해서 붙은 이름이지.

진환도상어 승리!

어느새 1라운드 마지막 대결이야. 이번 대결에는 넓은주둥이상어가 출전했어!
1976년에 처음 발견된 이후로 모습을 잘 드러내지 않더니 웬일이람?

핵심 정보
넓은주둥이상어도 고래상어처럼 커다란 입속에 들어오는 작은 생물들을 걸러서 먹어.

놀라운 사실!
살아 있는 넓은주둥이상어를 실제로 본 사람은 아주 드물어. 오호!

라운드 1 넓은주둥이상어 VS 그린란드상어 대결 8

넓은주둥이상어의 상대는 북극해에서 온 그린란드상어야. 상어 가운데 가장 오래 산다고 알려져 있지. 한 250년에서 500년 정도 산다나?

요건 몰랐지?
그린란드상어는 깊고 차가운 바닷속에 살면서 아주 느릿느릿 움직여.

사실 넓은주둥이상어는 입만 크지 싸움에는 별 재주가 없어. 그린란드상어가 슬슬 다가오자 싸움에 익숙하지 않은 넓은주둥이상어는 안절부절못했지.

> **핵심 정보**
> 그린란드상어는 눈알에 붙어사는 기생충 때문에 시력이 좋지 않은 경우가 많아. 하지만 후각과 청각이 발달해서 사냥하는 데는 문제없지!

오징어부터 작은 상어, 물개까지 잡아먹는 사냥 고수인 그린란드상어는 망설임 없이 넓은주둥이상어의 몸 여기저기를 함부로 베어 물었어.

그린란드상어 승리!

이렇게 1라운드에서 승리한 상어 8마리가 2라운드에 진출하게 되었어.

막 2라운드가 시작됐어! 온순한 편인 돌묵상어를 이기고 손쉽게 2라운드에 올라온 황소상어는 청상아리를 보고 바짝 긴장했어. 청상아리가 등장부터 빠른 스피드로 황소상어의 혼을 쏙 뺐거든.

라운드 2 · 황소상어 VS 청상아리 · 대결 1

황소상어는 청상아리의 움직임을 쫓으려고 집중했어. 하지만 약 올리듯 동에 번쩍 서에 번쩍 움직이는 청상아리를 뒤쫓기란 쉽지 않았지.

놀라운 사실!
청상아리는 점프 실력도 놀라워.
물 위로 최대 9미터까지 뛰어오른대!

하지만 언제까지고 피해 다닐 수만은 없잖아? 힘이 빠진 청상아리는 결국 고약한 황소상어에게 잡히고 말았어. 청상아리를 쫓다가 약이 잔뜩 오른 황소상어는 입을 쩍 벌려 청상아리의 목덜미를 앙 물어 버렸지. 청상아리는 영영 움직이지 못했단다.

황소상어 승리!

이번 대결에서는 강력한 우승 후보인 귀상어와 뱀상어가 싸울 거야. 쉿, 둘이 가만히 기 싸움을 한다! 관중들은 둘의 대결을 잠시도 놓치지 않으려고 숨죽였지.

 ## 귀상어 vs 뱀상어

핵심 정보

두 상어 주변에 있는 물고기들은 동갈방어라고 해. 상어를 따라다니면서 적을 피하고, 상어가 남긴 먹이 찌꺼기를 먹고 살아.

뱀상어는 귀상어가 이곳저곳 보지 못하도록 재빠르게 귀상어의 오른쪽 눈을 물어뜯었어. 오른쪽이 보이지 않자 귀상어는 무척 당황했지. 여유가 생긴 뱀상어는 느긋하게 귀상어 뒤쪽으로 가서 공격을 퍼부었단다. 동갈방어들이 잔치를 벌이겠구나!

뱀상어 승리!

2라운드 세 번째 대결은 백상아리와 흑기흉상어의 싸움이야. 백상아리는 상대가 누구든 상관없다는 듯 물살을 가르며 빠르게 거리를 좁혀 왔어.

기본기 다지기

상어 같은 어류는 꼬리지느러미를 좌우로 흔들며 헤엄쳐. 한편 듀공, 돌고래 등 바다에 사는 포유류는 꼬리지느러미를 위아래로 흔들며 헤엄친다는 말씀!

백상아리 VS 흑기흉상어

라운드 2 · 대결 3

모두가 피하고 싶어 하는 백상아리와 정면 승부를 하게 되다니! 흑기흉상어는 눈앞이 캄캄했어. 하지만 숨을 곳은 어디에도 없었지.

핵심 정보

홀로 다니는 다른 상어들과 달리, 흑기흉상어는 여러 마리가 무리 지어 다니며 사냥을 해.

흑기흉상어가 얼어 있는 사이 백상아리가 달려들었어. 고개를 한껏 쳐들고 턱을 끝까지 벌려 흑기흉상어의 몸통을 답삭 물었지. 정신이 번쩍 든 흑기흉상어가 벗어나려고 몸부림쳐 보았지만 소용없었어. 흑기흉상어는 백상아리의 맛 좋은 저녁밥이 되었단다. 꺼억!

백상아리 승리!

2라운드 마지막 대결이야. 먼저 등장한 진환도상어가 꼬리지느러미로 솜씨 좋게 방향을 휙휙 바꾸면서 그린란드상어를 위협했어. 하지만 이 작전은 별로 효과가 없었어.

 **진환도상어 VS 그린란드상어**

진환도상어가 그러거나 말거나 그린란드상어는 심드렁했거든. 진환도상어의 꼬리지느러미는 잔챙이 물고기들에게나 통하는 무기라고 여겼으니까.

기본기 다지기

상어는 대부분 계속 헤엄쳐야 숨을 쉴 수 있기 때문에 잠을 자지 않아. 대신 깊은 바닷속에서 가만히 휴식을 취하지.

그린란드상어는 진환도상어에게 강력한 턱 힘의 매운맛을 보여 주려고 가만히 때를 기다렸어. 그리고 진환도상어가 코앞에 온 순간, 살점을 꽉 물어 버렸지!

진환도상어는 그린란드상어의 압도적인 힘에 눌려 옴짝달싹 못 했어. 싸움 고수 앞에서 까불다 큰코다쳤지 뭐야.

그린란드상어 승리!

2라운드가 종료되었어. 치열한 대결 끝에 황소상어, 뱀상어, 백상아리, 그린란드상어가 준결승에 올랐어. 그야말로 한 성깔 하는 상어들만 남은 거지!

상어 4대 천왕

3라운드 첫 번째 대결은 황소상어와 뱀상어의 싸움이야. 둘 다 사람을 공격하는 상어로 유명해. 해안가에 나타나기라도 하는 날에는 비상사태라며 뉴스에서 야단법석이야.

황소상어 vs 뱀상어

두 상어의 기 싸움이 아주 살벌해! 너무 무서워서 멀찍이 떨어졌더니 누가 누구인지 모르겠다고? 윤곽이 더 길쭉하고 묵직해 보이는 왼쪽이 뱀상어야. 몸통이 둥글넓적한 오른쪽이 황소상어지.

황소상어와 뱀상어가 엎치락뒤치락하며 팽팽한 싸움을 한참 이어 갔어. 그러다 마침내 뱀상어가 황소상어를 물어 제압했어!

황소상어는 최선을 다했지만, 결국 배를 훤히 드러낸 채 바다 밑바닥으로 가라앉았어.

뱀상어 승리!

백상아리가 느릿느릿 헤엄치는 그린란드상어를 지켜보고 있어. 둘은 덩치가 비슷하지만, 스피드는 백상아리가 한 수 위야. 이빨도 백상아리가 더 크고 날카롭지.

백상아리 VS 그린란드상어
라운드 3 · 대결 2

영리한 백상아리는 우선 그린란드상어의 아래쪽으로 움직여서 몸을 숨겼어. 밑에서 그린란드상어의 먹음직스러운 배를 보니 금세 입안에 군침이 차올랐지.

요건 몰랐지?
그린란드상어의 살에는 독이 있어. 그래서 적들이 함부로 덤비지 못하지. 후훗!

백상아리는 전속력으로 헤엄쳐 가서 그린란드상어 배의 보드라운 살점을 크게 한입 베었어. 그린란드상어는 여기까지였어. 백상아리가 딱딱한 등 쪽을 애써 물어뜯을 필요도 없었지.

백상아리 승리!

이야, 영화 「죠스」에서 사람들을 벌벌 떨게 만들었던 스타답게 백상아리가 결승 티켓의 주인공이 되었어!

결승 맞대결!

난폭하기로 둘째가라면 서러운 두 상어, 뱀상어와 백상아리의 결승전이야. 백상아리는 준결승전에서 이겼던 수법대로 아래쪽에서 뱀상어를 공격하려 했어. 뱀상어가 낮에 주로 바다 밑바닥에서 머무르는 것도 모르고 말이야.

뱀상어는 백상아리가 가까워지자 몸을 홱 돌려서 백상아리의 꼬리 쪽을 콱 물었어! 저런, 바닷물에 백상아리의 피가 번져. 과연 백상아리는 다시 움직일 수 있을까?

뱀상어는 백상아리보다 덩치가 작아. 만약 1라운드에서 둘이 싸웠다면 백상아리가 쉽게 이겼을지도 몰라. 하지만 준결승전과 결승전을 연이어 치르면서 많이 지쳤던 백상아리는 뱀상어의 공격 한 방에 나가떨어졌지.

뱀상어 최종 승리!

영광의 우승 트로피는 뱀상어의 차지야! 정정당당한 대결을 통해 최후의 승자가 된 뱀상어를 바닷속 최강 상어로 인정할게.

지은이 **제리 팔로타**

미국 매사추세츠주 페가티 비치에서 72명의 사촌들과 함께 어린 시절을 보냈다. 어른이 되어서는 30년 넘게 어린이책 작가로 활동하며, 90권 이상의 책을 썼다. 쓴 책 중에 「누가 이길까?(Who Would Win?)」시리즈를 가장 좋아한다.

그린이 **롭 볼스터**

풍경과 사물을 매우 사실적으로 그리는 예술가이자 전문 일러스트레이터. 미국 로드아일랜드 디자인스쿨을 졸업하고 20년 넘게 일러스트레이터로 일하고 있다. 지금은 미국 매사추세츠주 보스턴 근처에서 유화를 그리며 지낸다.

옮긴이 **김아림**

서울대학교에서 공부하고 같은 대학원 과학사 및 과학철학 협동 과정에서 석사 학위를 받았다. 출판사에서 과학책을 만들다가 지금은 책을 기획하고 번역하는 일을 하고 있다. 옮긴 책으로는 「자연 다큐 백과」 시리즈의 『수리와 올빼미』, 『육식 동물』, 『돌고래』, 『내셔널지오그래픽 키즈 사이언스 2025』 등이 있다.
이메일: thaiqool@gmail.com

바다 동물 편
또 하나의 대결 바다 상어 편

1판 1쇄 펴냄 - 2024년 5월 7일, 1판 3쇄 펴냄 - 2025년 8월 12일
글쓴이 제리 팔로타 **그린이** 롭 볼스터 **옮긴이** 김아림 **펴낸이** 박상희 **편집장** 전지선 **편집** 임현희 **디자인** 곽민이
펴낸곳 (주)비룡소 출판등록 1994. 3. 17.(제16-849호) **주소** 06027 서울시 강남구 도산대로1길 62 강남출판문화센터 4층
전화 02)515-2000 **팩스** 02)515-2007 **홈페이지** www.bir.co.kr
제품명 어린이용 각양장 도서 **제조자명 (주)비룡소 제조국명** 대한민국 **사용연령** 3세 이상

WHO WOULD WIN? : ULTIMATE OCEAN RUMBLE
Text Copyright © 2015 by Jerry Pallotta
Illustration Copyright © 2015 by Rob Bolster

WHO WOULD WIN? : ULTIMATE SHARK RUMBLE
Text Copyright © 2020 by Jerry Pallotta
Illustration Copyright © 2020 by Rob Bolster

All rights reserved.

Korean Translation Copyright © 2024 by BIR Publishing Co., Ltd.
This Korean translation edition is published by arrangement with Scholastic Inc.,
557 Broadway, New York, NY 10012, USA through KCC(Korea Copyright Center Inc.), Seoul.

이 책의 한국어판 저작권은 ㈜한국저작권센터(KCC)를 통해 저작권사와 독점 계약한 (주)비룡소에 있습니다.
저작권법에 의해 한국 내에서 보호를 받는 저작물이므로 무단 전재와 무단 복제를 금합니다.

ISBN 978-89-491-3309-6 74400 / 978-89-491-3300-3(세트)

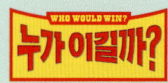 제리 팔로타 글·롭 볼스터 그림 | 신인수 외 옮김

숨 막히는 대결로 이루어진 짜릿한 동물도감!

- **사자 vs 호랑이** / 재규어 vs 스컹크
- **고래 vs 대왕오징어** / 범고래 vs 백상아리
- **악어 vs 비단구렁이** / 코모도왕도마뱀 vs 킹코브라
- **티라노사우루스 렉스 vs 벨로키랍토르** / 트리케라톱스 vs 스피노사우루스
- **북극곰 vs 회색곰** / 방울뱀 vs 뱀잡이수리
- **타란툴라 vs 전갈** / 말벌 vs 쌍살벌
- **바다코끼리 vs 코끼리바다물범** / 바닷가재 vs 게
- **최강전: 정글 동물 편** / 최강전: 곤충과 거미 편
- **최강전: 바다 동물 편** / 최강전: 바다 상어 편
- **최강전: 공룡 편** / 최강전: 파충류 편
- **최강전: 공포의 작은 상어 편** / 최강전: 익룡 편